怎样才算
长大了

怎样才算长大了

[法]劳伦斯·萨隆 著
[法]吉勒·拉帕波尔 绘
余轶 译

海豚出版社

长大，就是每天早上醒过来，
又长高了几毫米。
这是有科学依据的哟！
一个人在20岁之前都在长高，
如果说成年人的平均身高是一米七，
那相当于每天长高0.23毫米！
也就是每小时长高0.0097毫米，
每秒钟长高0.0000027毫米！
简直不可思议，对不对？

长大，意味着
**你记住了
数学换算表。**

长大，就是认得服装的码数大小。
这可不是一件容易的事哦！
6岁的孩子，穿"8"码；
8岁的孩子，穿"10"码；
14岁的孩子，穿"16"码！
是不是一直这样算下去就行呢？
并不是，因为儿童服装的最大码数就是"16"码。
如果你连"16"码的衣服都穿不下，就意味着你已经长大了！
接下来，你要穿"S"码的衣服。"S"是小码的意思。

长大，意味着
你得穿小码的衣服啦！

不过，请你放心，
你不会一直穿小码的衣服。
因为除了小码，还有中码、大码、超大码、超超大码！

长大，意味着
越长越高，看得越来越远。

当你还是孩子的时候，早餐不能吃炸薯条。

当你长大了……还是不能吃。不过，你可以试试！

因为长大了就可以自己做决定。

你可以决定把薯条泡在热巧克力里吃，

也可以把奶酪泡在牛奶咖啡里吃，还可以将香蕉蘸着大蒜酱吃，

你甚至可以把这些东西全部混在一起吃！

长大，意味着
可以做自己想做的事情。

当然，要在确保自己不会生病的前提下……

小孩子不敢冒险,
他总是害怕从滑梯高处滑下来,
所以每次都是重新从梯子上走下去。
他不敢去从没去过的地方,
也学不会骑两轮单车。

那些什么都不敢做的人当然不会受伤,
但是也很难长大。
长大,就必须摔倒,爬起,再摔倒,
弄疼自己,重新开始,再次弄疼自己,稍微歇一歇,
因为这次是真的弄疼了自己……
然后再重新开始。

长大,意味着
知道水银体温计不扎人。

不管是大人还是小孩,都可能遇到意外。
这并不是你的错,只是人们常说的"倒霉"而已。
比如说肉里扎进了一根刺!
那么,区分大人和小孩的时候到了。
大人不会满地打滚,
不会哭着要妈妈,更不会大喊大叫:
"我要死啦!疼死我啦!"
大人不会一看到镊子就晕倒,他会咬紧牙关。

长大,意味着
有一副好牙关!

大人不会害怕童话书里的恐龙。
他甚至会喜欢吓人的木乃伊、吸血鬼、口吐黏液的怪物，
以及真正的大坏蛋（其实是电影里的）。
他会战胜自己的恐惧，坚持看完电影，
并为自己感到自豪！

长大，意味着
能看完电影
《僵尸大战机器人》……

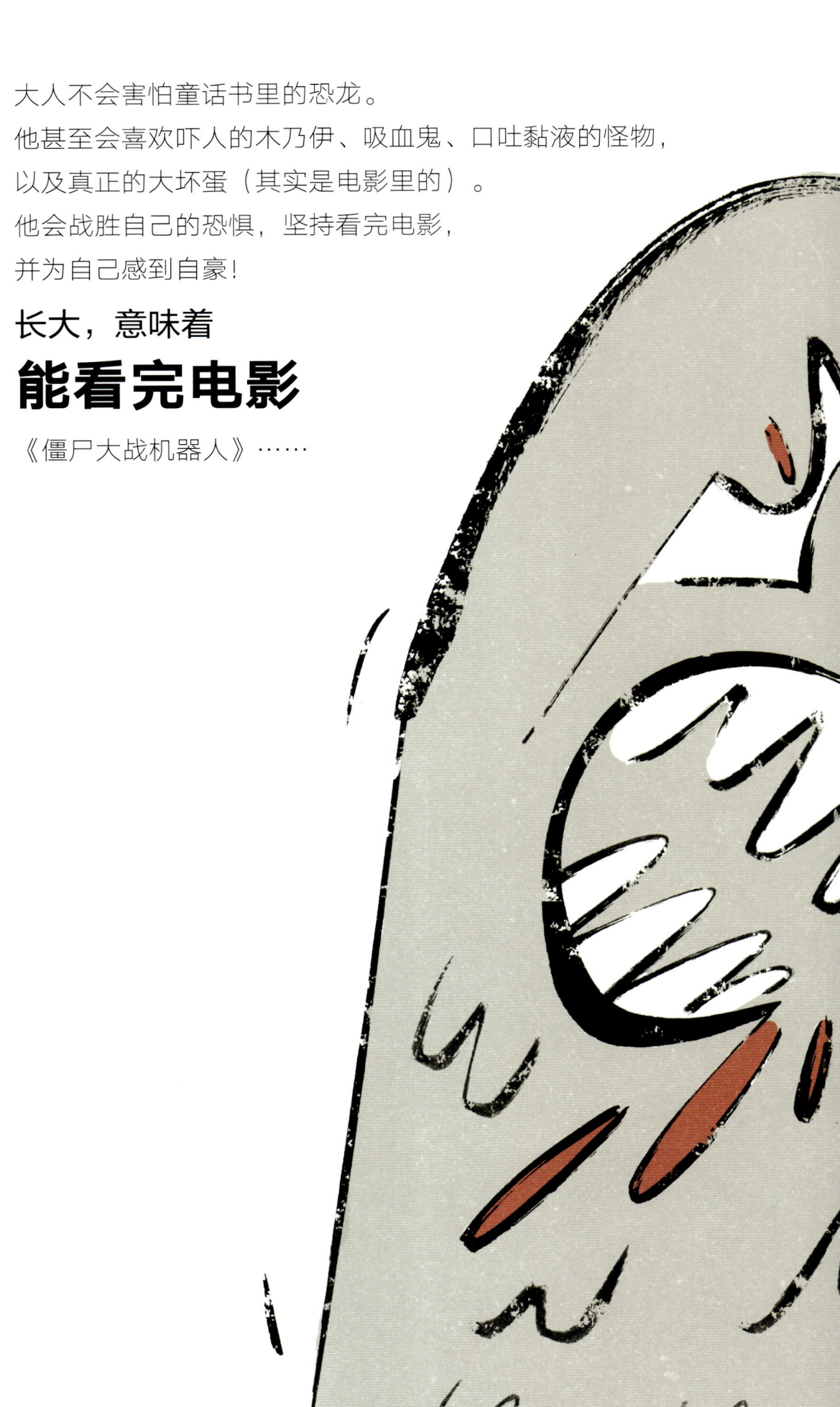

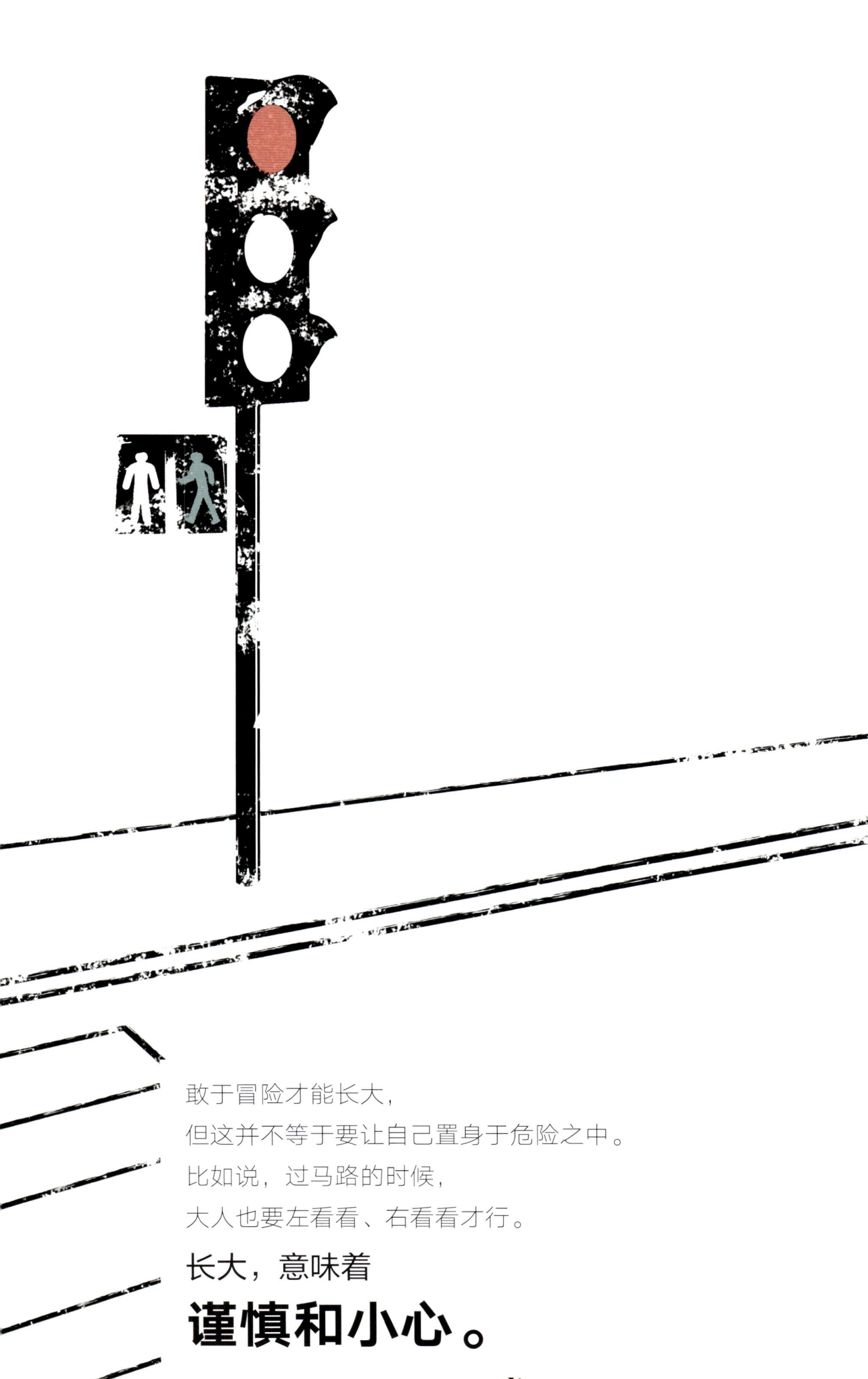

长大，意味着你记住了乘法口诀表，
（你原以为这是一件不可能的事，但你做到了！）
知道什么叫作过去分词，
也知道蒙古国的首都是哪个城市。

长大， 意味着读一本50页以上的书。
而且书中连一张图都没有，
必须从左到右，一行字一行字地读。

长大，意味着
读那些
印有密密麻麻字的书。

也意味着……呃，怎么说呢……意味着做出努力。

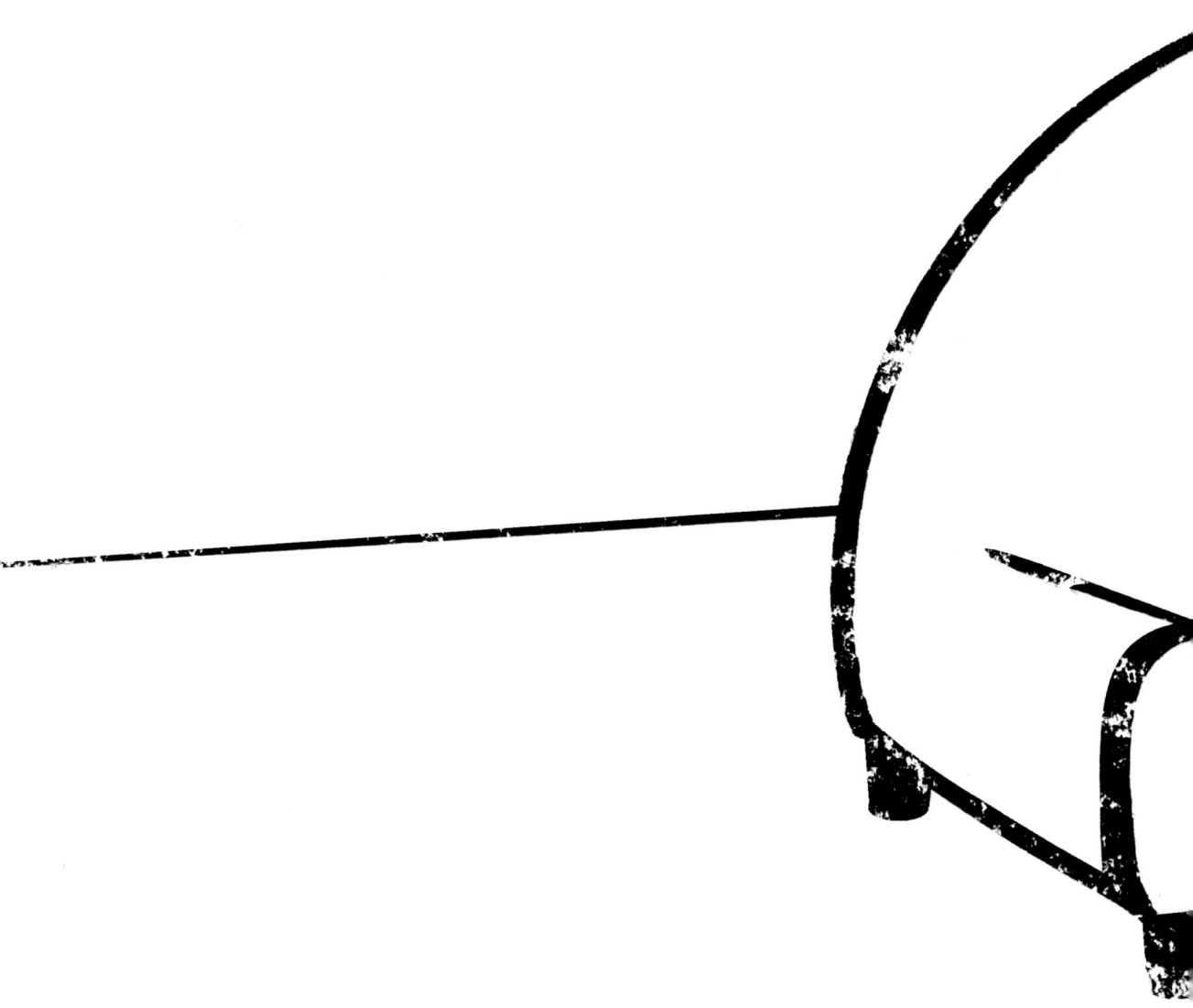

书店

《火影忍者》的最新一卷什么时候上架?我们已经等不及了!

快走开!现在才凌晨两点呢!

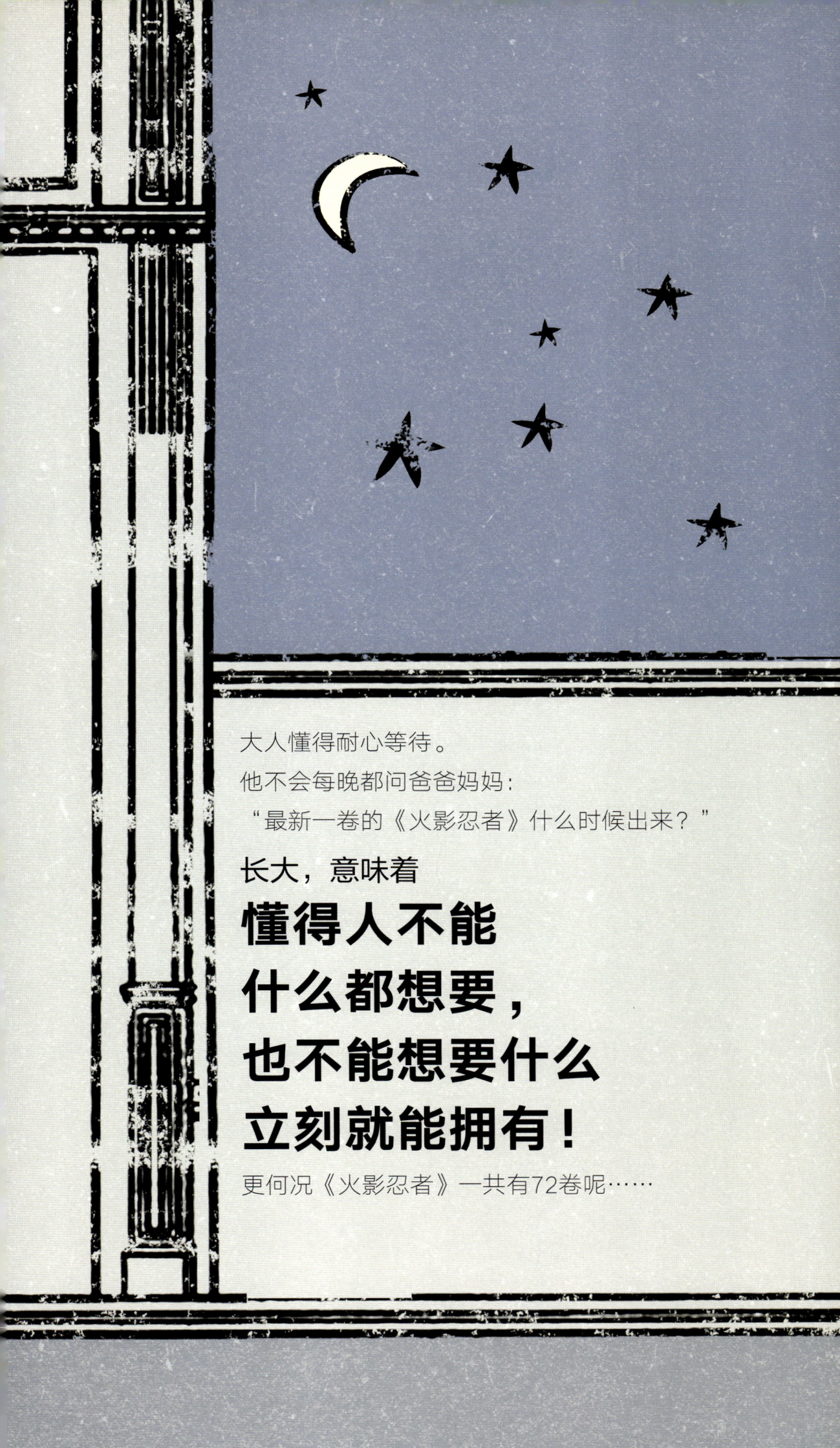

大人懂得耐心等待。
他不会每晚都问爸爸妈妈：
"最新一卷的《火影忍者》什么时候出来？"

长大，意味着
**懂得人不能
什么都想要，
也不能想要什么
立刻就能拥有！**
更何况《火影忍者》一共有72卷呢……

长大,就是偶尔想要回到小时候。
要妈妈讲一个故事,虽然自己也能看书,但这样更好玩!
要妈妈抱一抱,在睡觉之前、醒来以后,
吃完早餐也可以抱抱……
洗一个暖暖的热水澡,要妈妈帮忙搓搓背,
要爸妈帮忙请个假,不去上学。
因为今天食堂的菜单上没有炸薯条。

长大,意味着
热爱生活,
微笑面对人生。

你有点儿太大了,我的宝贝!

微笑面对人生，就是把一切都当作生命的礼物。
比如说早晨7点的闹铃，
星期五中午的清炒西蓝花。
与风中的落叶一起玩耍，
在雪地里打滚，奔跑着冲向浪花，
跳进路边的小水洼……

长大，意味着
享受生命的每时每刻！

去雪地别忘了戴手套、帽子、围巾，穿羽绒服和软皮靴。

长大，就是知道自己总有一天会拥有智能手机。

可以上网，也可以聊天。

没错，这一天总会到来的。

等到那一天，你也会明白，

没有智能手机，生活同样美好！

（我敢发誓，至少在手机充电时会是这样。）

长大，意味着
可以接受没有无线网络的生活！

长大，意味着
珍惜自己所拥有的，

不为自己所没有的而哭泣。
哪怕炸薯条不够所有人分，
哪怕这实在令人伤神。

写到这里,
我想送给你们两个字:

痘痘!

没错,这回真的是两个字……

啊啊啊啊!
阿兹特克木乃伊!

不管你是黑人、白人，
高个儿、矮个儿，男孩儿、女孩儿，
不管你有没有长腋毛、胡子、痘痘，
不管你住在城市还是农村……

所有的人都不同，
每个人都是唯一的。

长大，意味着
爱上真实的自己！

噢！我爱我自己！
真的好爱！

我爱我自己！

　　　　　我爱我自己！

好爱！

　　　　好爱！

长大，意味着
能够照顾别人，

开始关心别人，不管是大人还是小孩。
包括小玩偶、小狗、小猫、小老鼠、小仓鼠、蜘蛛、
蟒蛇、鳄鱼、小弟弟和小妹妹。

包括最柔弱的和最凶残的。

亲爱的妈妈，
我会照顾好小弟弟的……
我要带他去动物园看鳄鱼！

不要！

你确定他真的洗过澡了?

小孩子总觉得大人们不理解他！
尤其是父母。
等等，让我告诉你一个秘密：
其实，所有的大人——对，
所有的大人——都曾经是小孩！
真的！

他们也曾试图让父母相信，他们真的已经洗过澡了，
只是没有打湿地板或浴缸而已。

长大，意味着
不再把父母当成傻瓜！
（至少妈妈不是）

当然，我听到水声了……

也许你会想，长大也没什么好的。
长大了就得去上班，
就得承担责任，
永远都忙个不停，
甚至没时间去跑步！

其实你误会了。

长大，意味着
可以成为你想成为的人！

你可以爬上云端成为探险家，
可以成为幽灵猎手，
可以成为独角兽饲养能手，
甚至成为全世界和全宇宙的领导人！

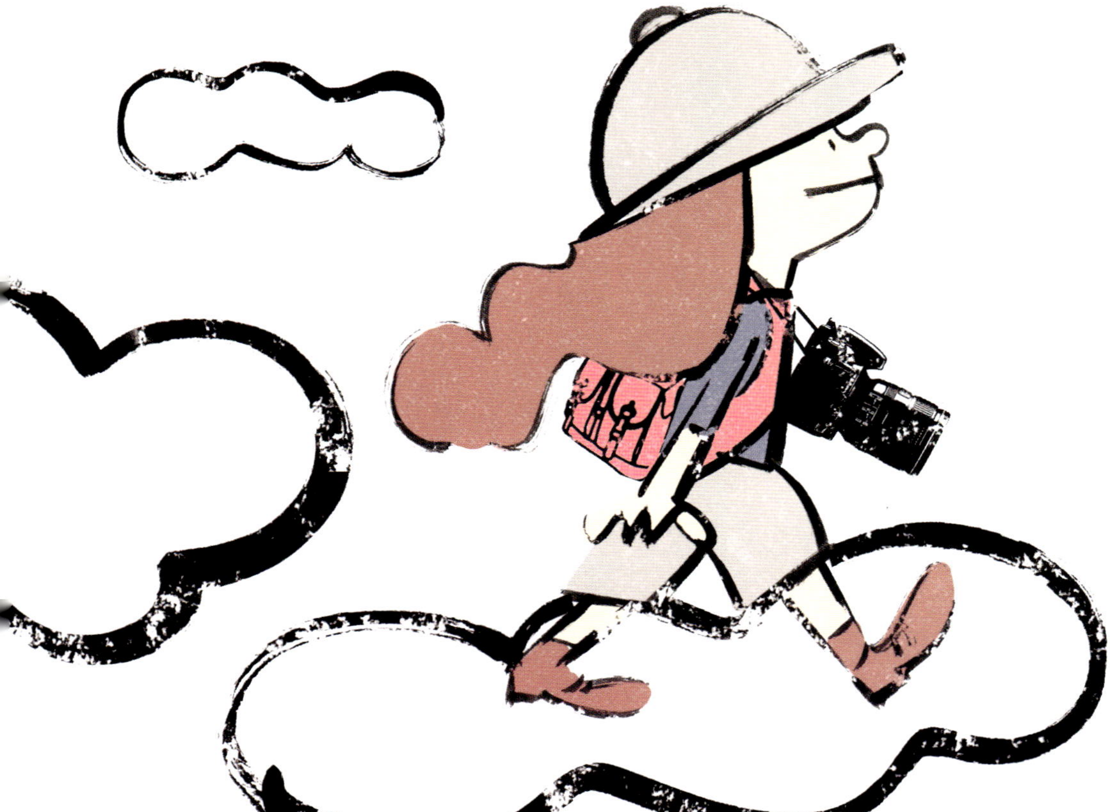

我是你爸爸!

你还可以成为绝地武士，
选择属于你的光剑，
成为银河系最聪慧的人。
就算你无法用意念移动物体，
你也可以躲避他人的攻击。

别人的辱骂对你根本没有影响，
就好像游泳的鸭子，羽毛上不会留下水滴。
能做到这一点，难道还不算长大？

当你能控制自己的愤怒情绪，就意味着你已经长大！

哼！这种侮辱人的话，
我根本不在乎！

我也可以一起玩吗?

你是不是特别容易被激怒？
如果哥哥说你像个吉娃娃，
试着不要去生气，赶紧趴在地上，
嘴里发出"汪汪"的叫声，同时用手挠挠耳朵。
这样，你们两个都会转怒为喜，开怀大笑。

长大，意味着
知道如何扮演吉娃娃，
以及学会自嘲。

汪！汪！汪！

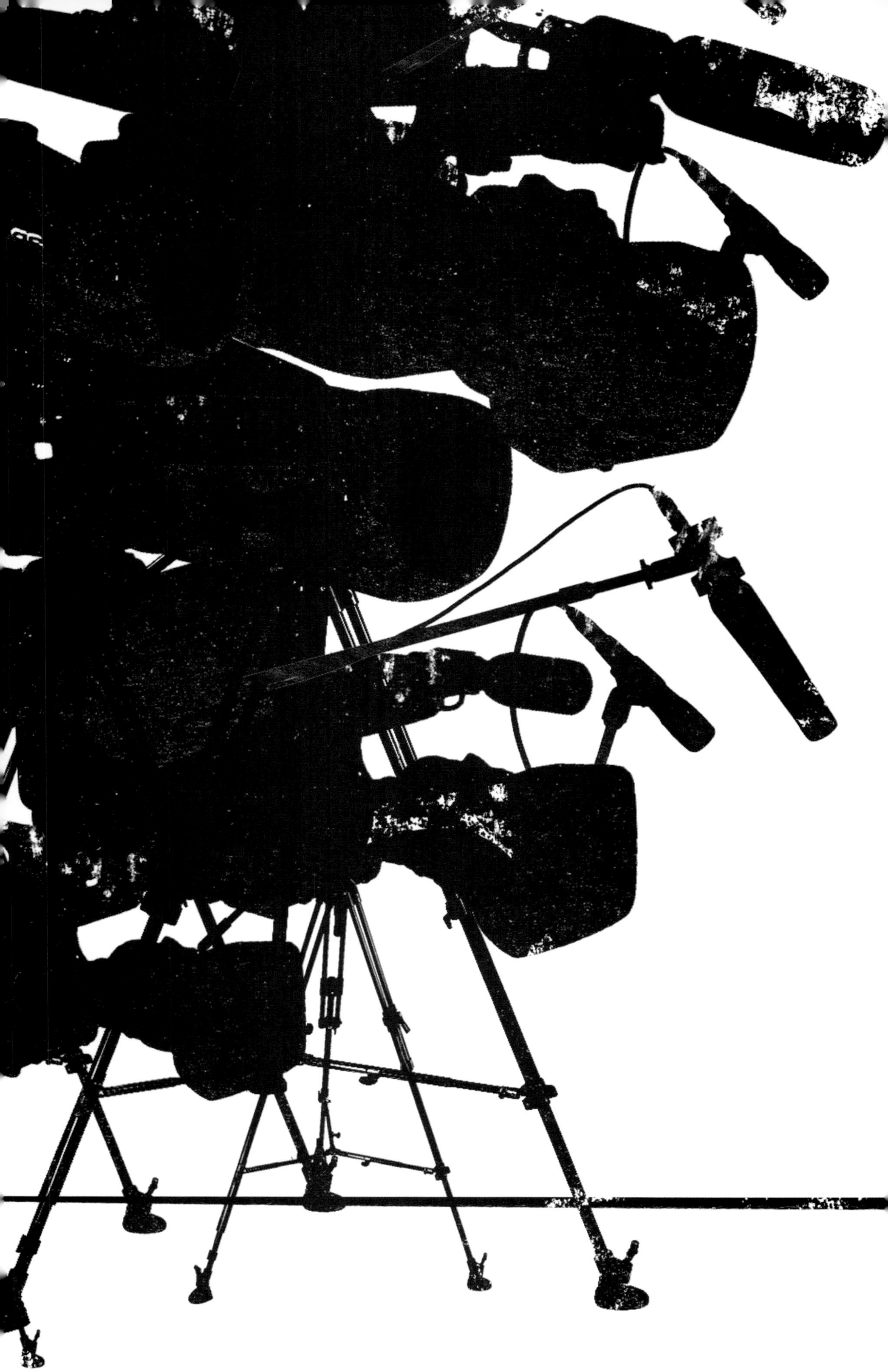

你真是太了不起了，居然把哥哥逗笑了！
不过，请记住，
你不是在国家大剧院举办个人演出。

大人不会没完没了地重复同一个把戏。

他们不会瞧不起那些不愿意扮演吉娃娃的人，
也不会瞧不起那些不爱吃炸薯条的人。
（是的，我知道，很少有人不爱吃炸薯条。）

国家大剧院

我的吉娃娃

不爱炸薯条！

长大，是一件大事情。怎么说呢……
它就像科幻小说一样，十分奇妙。
试问，女孩能做到的事情，男孩能不能做到？
男孩……有时真不一定能做到！反之亦然。包括傻事。

长大，意味着
敢于承认自己的缺点、错误，
以及所做的傻事。

我承认！

我承认！

我承认！

这不是我干的。

赶快翻过这一页！

你打开了水族箱的门,
妹妹养的小红鱼正好掉进了猫的嘴里。
哎呀,真糟糕。

长大,意味着知道自己并不是什么事都能做好,

意味着学会原谅自己,

也原谅那只猫。
不要过多自责,不要过于纠结,
还有别的事情等着你去做呢!

不是我干的!   不是它干的!

哟，你们男人之间还挺团结的！

父母希望你成为消化科医生,
而你却不愿意一辈子都跟大便打交道。

大人可以对父母说不,
可以选择自己的职业、自己的生活、自己的未来,
以及袜子的颜色。

这并不是自私,
而是智慧。

长大,意味着
知道消化科医生并不是只跟大便打交道。

> 这是属于我的生活,
> 我要做我想做的事情!

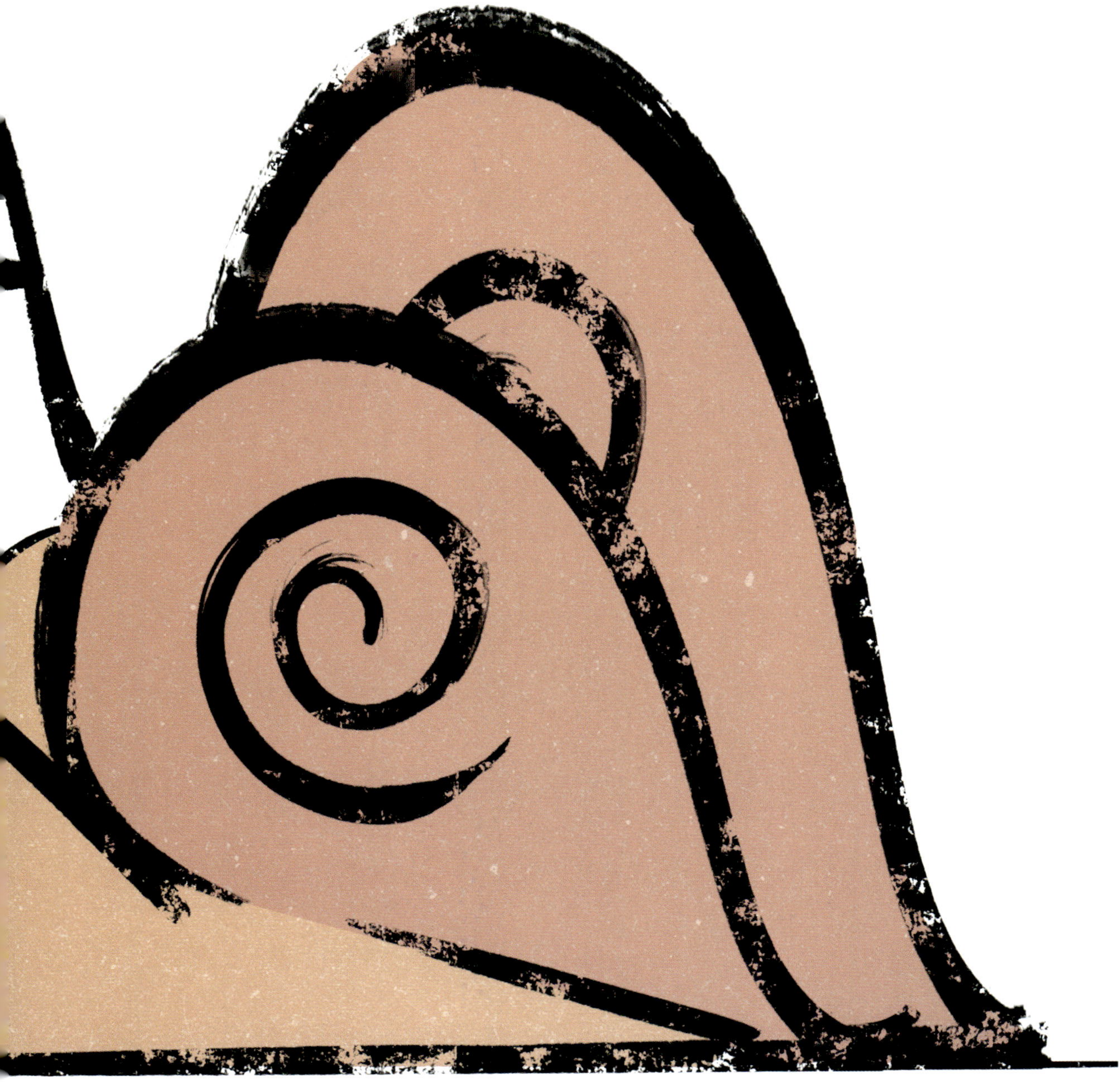

谈到智慧——

当父母告诫你长大后该从事什么职业时，

如果你能

保持心平气和，

那就表示你长大了。

其实，父母连如何在微博上点赞都不知道呢。

在网上点赞需要贴邮票吗?

长大，意味着知道父母一直都是爱你的，
哪怕他们从不在微博、微信、抖音上为你点赞……

真正的爱，并不以浏览量来计算。
真正的爱，是每一天，父母放下手机，在餐桌上与你
共同度过的时光；
是父母陪你一起玩纸牌，玩骑马游戏；
是父母苦口婆心地教育你……

长大，意味着
知道父母一直都在你身边。

别在意……
那是我的父母……
他们太爱我了。

长大,并不等于成年,
而更多的是一种成熟。
长大不是变老,而是变智慧,
成为一个更乖的人……
但也不要太乖。

拜托你成熟一点,
绝地武士是不存在的!

会说话的鸭子
也不存在！

长大，意味着
记住儿时的梦想！

意味着知道一切皆有可能，
没有什么是不可能的。
哪怕是最疯狂的梦，
尤其是最疯狂的梦。

长大，意味着知道明天一定会到来。
我们要耐心地等待明天，也要尽情地享受今天。

什么时候到明天呀？

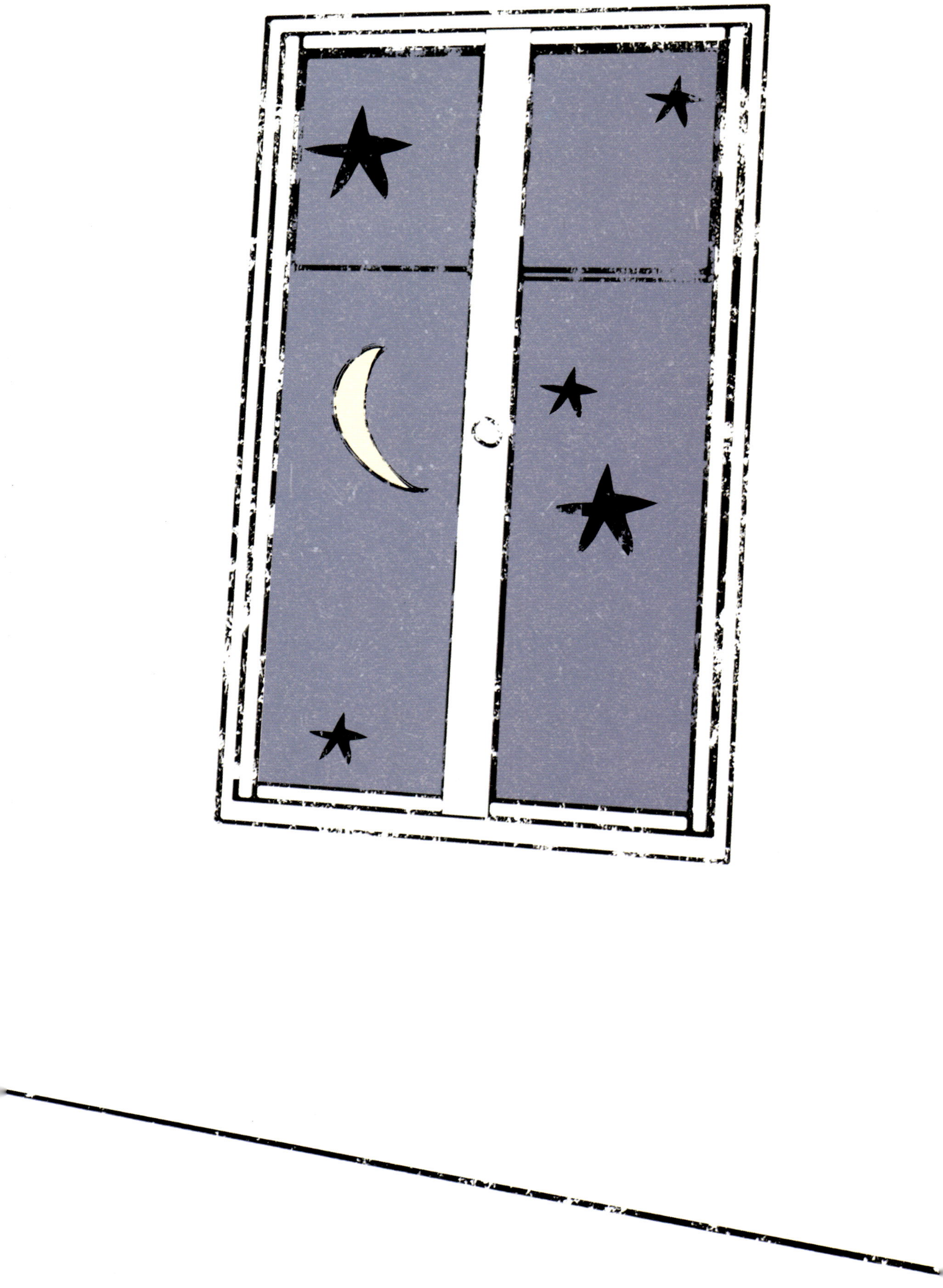

长大，就是生活中的一点一滴，
这些一点一滴，
共同组成一个大大的——**你。**

图书在版编目（CIP）数据

怎样才算长大了 / （法）劳伦斯·萨隆著 ；（法）吉勒·拉帕波尔绘 ； 余轶译. -- 北京 ：海豚出版社，2020.2（2020.4重印）
ISBN 978-7-5110-4841-7

Ⅰ. ①怎… Ⅱ. ①劳… ②吉… ③余… Ⅲ. ①儿童故事－图画故事－法国－现代 Ⅳ. ①I565.85

中国版本图书馆CIP数据核字(2019)第245041号

First published in France under the title:
C'est quoi, être un grand ?
By Gilles Rapaport and Laurence Salaün
© 2018, Editions du Seuil, Paris.

著作权合同登记号：图字 01-2019-6897

怎样才算长大了

[法] 劳伦斯·萨隆 著　　[法] 吉勒·拉帕波尔 绘　　余轶 译

出 版 人	王　磊
策　　划	小萌童书
责任编辑	梅秋慧　李文静
特约编辑	崔　薇
美术编辑	曹雨锋工作室
责任印制	于浩杰　蔡　丽
出　　版	海豚出版社
地　　址	北京市百万庄大街24号　（100037）
电　　话	010-68325006（销售）010-68996147（总编室）
印　　刷	北京利丰雅高长城印刷有限公司
经　　销	新华书店及网络书店
开　　本	12开（889毫米×1194毫米）
印　　张	6
字　　数	18千字
版　　次	2020年2月第1版 2020年4月第2次印刷
标准书号	ISBN 978-7-5110-4841-7
定　　价	59.00元

版权所有　侵权必究　发现图书印装质量问题，请与我们联系免费调换。客服电话：010-56421544